BEI GRIN MACHT SICH IHR WISSEN BEZAHLT

- Wir veröffentlichen Ihre Hausarbeit,
  Bachelor- und Masterarbeit

- Ihr eigenes eBook und Buch -
  weltweit in allen wichtigen Shops

- Verdienen Sie an jedem Verkauf

Jetzt bei www.GRIN.com hochladen
und kostenlos publizieren

Simon Winzer

Die Grundlagen des volkswirtschaftlichen Handelns

GRIN Verlag

Bibliografische Information der Deutschen Nationalbibliothek:

Die Deutsche Bibliothek verzeichnet diese Publikation in der Deutschen National-
bibliografie; detaillierte bibliografische Daten sind im Internet über http://dnb.d-
nb.de/ abrufbar.

Impressum:

Copyright © 2013 GRIN Verlag GmbH
Druck und Bindung: Books on Demand GmbH, Norderstedt Germany
ISBN: 978-3-656-70972-5

Dieses Buch bei GRIN:

http://www.grin.com/de/e-book/277782/die-grundlagen-des-volkswirtschaftlichen-
handelns

GRIN - Your knowledge has value

Der GRIN Verlag publiziert seit 1998 wissenschaftliche Arbeiten von Studenten, Hochschullehrern und anderen Akademikern als eBook und gedrucktes Buch. Die Verlagswebsite www.grin.com ist die ideale Plattform zur Veröffentlichung von Hausarbeiten, Abschlussarbeiten, wissenschaftlichen Aufsätzen, Dissertationen und Fachbüchern.

Besuchen Sie uns im Internet:

http://www.grin.com/

http://www.facebook.com/grincom

http://www.twitter.com/grin_com

I. Volkswirtschaftliche Grundlagen

Inhaltsverzeichnis

1. Ausgangstatsachen des Wirtschaftens

1.1.1. Bedürfnisse

> Bedürfnis = Mangelempfinden

Wesen der Bedürfnisse:

- vielfältig und wandelbar

- Entstehung ist nicht Gegenstand der VWL

- keine ethische Bewertung

Bedarf ist ein konkretisiertes Bedürfnis, das mit Mitteln der Wirtschaft befriedigt werden kann.

1.1.2. Knappheit

Knappheit = Spannungsverhältnis zwischen den Möglichkeiten der Produktion und den unzähligen
Bedürfnissen

↓

Allokationsproblem= Zuteilung knapper Mittel (insbesodere der Porduktionsfaktoren) auf
alternative Verwendungsmöglichkeiten.

Basis	Allokationsmechanismus	Wirtschaftssystem
Tausch	Markt	Marktwirtschaft
Befehl/Anordnung	Hierachie	Planwirtschaft
Abstimmung/Wahl	Polyarchie	Wirtschaftsdemokratie
Verhandlungen	Bargaining/Kooperation	Selbstverwaltungssystem

1.1.3. Definition des Wirtschaftens

Wirtschaften = planvoller (rationaler) Einsatz knapper Mittel mit dem Ziel, die
Bedürfnisbefriedigung zu verbessern.

1. Wirtschaft ist immer rational (Plan vorhanden)
2. Gegenstand des Wirtschaften sind immer knappe Ressourcen
3. Wirtschaften ist immer eine Wahlhandlung (die mit Opportunitätskosten verbunden ist)

Opportunitätskosten: Die Kosten für die beste, nicht genutzte Alternative.

1.2. Die Güter

Güter = Mittel zur Bedürfnisbefriedigung des Menschen.

Güter (Wirtschaftsobjekte) sind alle Mittel, die geeignet sind, _Nutzen_ zu stiften, also menschliche
Bedürfnisse direkt oder indirekt zu befriedigen.

Arten der Güter:

Kriterium	Güterarten
nach der Verfügbarkeit	freie[1] und wirtschaftliche Güter
nach der Zusammensetzung	Sachgüter, Dienstleistungen, Rechte
nach der Vergleichbarkeit	Homogene und heterogene Güter
nach der Verbundenheit	Komplementär-[2], Substitutions-[3] und indifferente[4] Güter

---

1 Freie Güter haben keinen Preis, sind unmittelbar konsumierbar, sind nicht produziert und sind im Überfluss
   vorhanden.
2 Zwei Güter, die zusammengekauft werden müssen oder können: Auto/Benzing oder Hose/Krawatte usw.

1.3. Das ökonomische Prinzip

Minimalprinzip: Ein gegebenes Ziel mit dem geringsten Minimaleinsatz erreichen (Sparsamkeitsprinzip)

Maximalprinzip: Mit gegebenen Mitteln einen maximalen Erfolg erzielen (Ergiebigkeitsprinzip)

Homo oeconomicus = Denkfigur der Wissenschaft, die ausschließlich rational wirtschaftet, also immer das ökonomische Prinzip befolgt.

1.4. Erfolgskriterien wirtschaftlichen Verhaltens

1.4.1. Produktivität

Produktivität = Aus gegebenen Mitteln mehr erwirtschaften.

Formel für Produktivität: $\dfrac{\text{Output (mengenmäßig)}}{\text{Input (mengenmäßig)}}$

Formel für Wirtschaftlichkeit: $\dfrac{\text{Output (wertmäßig)}}{\text{Input (wertmäßig)}}$

Um das Messproblem zu verkleinern, berechnet man in der Realität Teilproduktivitäten.

Teilproduktivitäten:
▪ Bodenproduktivität ▪ Kapitalproduktivität ▪ Arbeitsproduktivität

Volkswirtschaftliche Produktivität wird aus Teilproduktivitäten ermittelt. Die amtliche volkswirtschaftliche Produktivität ist immer die Arbeitskraft (Arbeitsproduktivität).

Formel: $\dfrac{\text{Output (Y)}}{\text{Arbeitseinsatz in Stunden (A - Input)}}$

Output kann das Bruttoinlandsprodukt (BIP), das Bruttonationaleinkommen (BNE), die Bruttowertschöpfung (BWS) oder das Volkseinkommen sein.

Volkswirtschaftliche Produktivität: $\dfrac{\text{reales BIP (Y)}}{\text{Arbeitseinsatz (A)}}$

BIP (=Produktionswert): Menge x Preis (Wertgröße) Unterscheidung von nominalen[5] und realen[6] Größen

---

3 Ersatzgüter (wenn Gut A nicht verfügbar, Rückgriff auf Gut B
4 Zwei Güter, die überhaupt keinen Zusammenhang haben
5 Nominale Größe: tatsächliche Größe (in Preisen des Berichtjahres = aktuelle Preise)
6 Reale Größe: preisniveaubereinigte Größe (Inflationsrate heraus rechnen) in Preisen des Basisjahres (aktuell 2010)

Reales BIP: Menge$_{2013}$ x Preise$_{2010}$

Wertgröße: $\dfrac{\text{Menge x Preis}}{\text{Preis}}$ (nominale Größe)

reale Größe: $\dfrac{\text{Nominale Größe}}{\text{Preisniveau/Preisindex (P)}}$ x100

Produktivität als Quelle des Wohlstands:

Produktivität und Wachstum:

Y/A↑ → Y↑ (mehr Güter) → mehr Einkommen → mehr Wohlstand

Produktivität und Preisniveau:

Y/A↑ → Stückkosten↓ → P↓
Produktivität und Löhne:

Wie stark dürfen Löhne steigen?

Stundenlohn = Lohnsatz (l)

Lohnstückkosten (Lohnsatz) im Verhältnis zur Produktivität:

LSK= $\dfrac{l}{Y/A}$ Die Löhne dürfen so stark steigen, dass die Lohnstückkosten gleich bleiben.

Beispiel: 10%

Gewinn	= Umsatz	- Kosten
20	100	- 80
22	110	- 88

Produktivität und Beschäftigung (Arbeitsvolumen):

notwendiges Arbeitsvolumen = $\dfrac{\text{reales BIP (Y)}}{Y/A}$

Y/A↑ → Y↑ → A↓
10%   2%   8%

1.4.2. Rentabilität

Rentabilität = Verzinsung des eingesetzten Kapitals
Formel: $\dfrac{\text{Gewinn}}{\text{Kapitaleinsatz}}$ x100

Im Idealfall erhöhen sich Wirtschaftlichkeit, Produktivität und Rentabilität.

Rendite = Verzinsung von Finanzkapital (Wertpapier, Geld usw.)
Rentabilität = Verzinsung von Maschineneinsatz

Sachkapitalrentabilität:

langfristige Zinsen[7] + kurzfristige Zinsen[8]

Umlaufrendite = repräsentativer Kapitalmarktzins = Durchschnittsverzinsung aller
festverzinslichen Wertpapiere (oft Staatsanleihen).

2. Die Wirtschaftssubjekte

Wirtschaftssubjekt = jede Personengruppe, die selbständig wirtschaftliche Entscheidungen trifft.

2.1. Private und öffentliche Wirtschaftssubjekte

Wirtschaftssubjekte		Zielfunktionen
private Haushalte	→	Nutzen maximieren
Unternehmen	→	Gewinn maximieren
Staat	→	Wolhfahrtmaximierung
Ausland		

2.2. Staatliches Güterangebot

Güter zu produzieren ist in der Marktwirtschaft Aufgabe privater Unternehmen.

2.2.1. Gründe für allokatives Marktversagen

Subsidaritätsprinzip = Wenn kein privates Unternehmen eine Dienstleistung anbietet, darf diese
der Staat anbieten

Über das Modell des allokativen Marktversagens kann nicht gestritten werden, da schon das Modell
selber aussagt, dass es nicht perfekt ist.

Gründe für das Marktversagen:

- Natürliche Monopole können durch Konkurrenz nicht beseitigt werden, weil aufgrund der Produktionstechnik – z.B. economics of scale – unter Monopolbedingungen am günstigsten produziert werden kann → Netz und Leitungsmonopol
- Externe Effekte liegen vor, wenn Handlungen eines Wirtschaftssubjektes nicht beabsichtigte Nebenwirkungen haben, durch die andere direkt begünstigt oder benachteiligt werden.

---

7 Kapitalmarktzinsen
8 Geldmarktzinsen

- Informationsmängel, z.b. Wenn die tatsächlichen und die
  äußeren Präferenzen voneinander abweichen:
  - vor Vertragsabschluss
  - nach Vertragsabschluss (Moral Hazard)

Aus allokativen Marktversagen und wohlfahrtsökonomischen Überlegungen lässt sich ableiten, dasss der Staat in einer Marktwirtschaft Monopol-, Kollektiv- und meritorische Güter anbieten darf.

2.2.2. Monopolgüter

Monopolgüter = Güter aus natürlichen Monopolen

Naütrliche Monopole sind durch eine spezifische Marktstruktur gekennzeichnet, in der ein einzige Anbieter aufgrund der Produktionstechnik die gesamte Nachfrage auf einem Markt zu sinkenden Stückkosten bedienen kann (Subadditivität der Kosten).

Wie soll sich der Staat bei natürlichen Monopolen wettbewerbspolitisch verhalten?

Alte Sicht:

- wettbewerbspolitischer Ausnahmebereich
  - staatliches Monopol
  - privates Monopol, das staatlich reguliert wird

Neue Sicht:

- Wettbewerb im Markt (es bleibt bei einem Netz, darf aber von allen benutzt werden)
  - Ist der Durchlaufpreis für den Wettbewerb im Markt zu niedrig, so geht dies zu Lasen der Qualität des Netzes.
  - Ist der Durchlaufpreis für den Wettbewerb im Markt stattdessen aber zu hoch, so ist es schwer, neue Unternehmen zu finden, die das Netz mitbenutzen.
- Wettbewerb um den Markt (zeitweise Versteigerung – franchise billing)
  - Alles, was normal die Regulierungsbehörde regelt, muss hier explizit im Vertrag genannt sein. Jedoch wird immer irgendetwas passieren, was nicht im Vertrag geregelt ist.

2.2.3. Meritorische Güter

Bei meritorischen Gütern erweitert der Staat das als unzureichend angesehene privatwirtschaftliche Angebot. Dabei korrigiert er individuelle Präferenzen, was er mit dem Vorliegen positiver externer Effekte rechtfertigt.

2.2.4. Kollektivgüter / Spezifisch öffentliche Güter

Kollektivgüter (spezifisch öffentliche Güter) sind vom Staat angebotene Leistungen, die durch Nichtanwendbarkeit des Ausschlussprinzips (Unteilbarkeit des Angebots) und Nicht-Rivalität im Konsum charakterisiert sind.
  - Nicht-Anwendbarkeit des Ausschlussprinzips (Angebotsseite)
  - Nicht-Rivalität im Konsum (Nachfrageseite)

Unterscheidung Kollektiv- und öffentliche Güter:

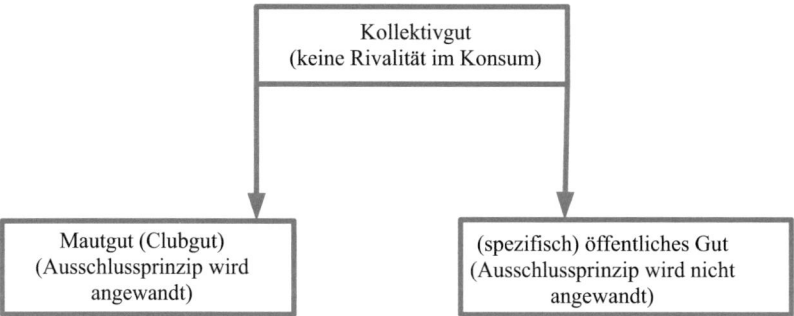

2.2.5. Mautgüter (Clubgüter)

Ein Mautgut ist ein Gut, wo das Ausschlussprinzip angewandt wird, aber keine Rivalität im Konsum vorhanden ist (bis zum Erreichen der Kapazitätsgrenze).

Einteilung der Güter nach ihren Eigenschaften: Ausschließbarkeit und Rivalität im Konsum

Konsum	Ausschlussprinzip	
	andwendbar	nicht anwendbar
Rivalisierend (Individualgüter)	rein privates Gut	Allmendegut
Nicht rivalisierend (Kollektivgüter)	Mautgut (Clubgut)	Spezifisch öffentliches Gut

2.2.6. Allmendegüter

Ein Allmendegut ist ein Gut, auf das das Ausschlussprinzipg nicht anwendbar ist, der Konsum aber rivalisierend ist.

2.3. Quantitative Messung des Staatseinflusses

2.3.1. Staatsquote

Staatsquote = Die Quote für die Ausgaben eines Staates

Formel: Staatsausgaben x100
nominales BIP

2.3.2. Steuerquote

Steuerquote = Der Preis für die öffentlichen Güter

Formel: Steuereinnahmen x100
nominales BIP

3.3.3. Abgabenquote

Formel: <u>Steuer- und Sozialversicherungsabgaben</u> x100
          nominales BIP

Diese Statistik sagt aus, wie ein Staat sein Sozialsystem finanziert. Je höher die Abgabenquote, je mehr Abgaben für das Sozialsystem müssen die Bürger leisten.

2.3.4. Schuldenstandsquote

Formel: <u>Gesamtverschuldung</u> x100
          nominales BIP

Diese Quote sagt aus, wie hoch die Gesamtschulden eines Landes im Bezug zu seiner wirtschaftlichen Gesamtleistung eines Jahres sind.
Laut Maastricht-Vetrag darf die Schuldenstandsquote für ein Land höchstens 60% betragen. Der ab 2013 geltende Fiskalpakt sieht im folgenden vor, dass jedes Land, das mehr als 60% Schulden hat, jedes Jahr seine Schuldenstandsquote um 1% reduzieren muss, da ansonsten Strafen anfallen.

2.3.5. Defizitquote

Formel: <u>Finanzierungssaldo / Nettokreditaufnahme</u> x100
          nominales BIP

Zulässig ist laut Maastricht-Vertrag voe 2013 eine Defizitquote von 3% pro Jahr. Der ab 2013 geltende Fiskalpakt sagt aus, dass Länder, die eine Schuldenstandsquote von mehr als 60% haben, nur noch eine Defizitquote von 0,5% aufweisen dürfen, da ansonsten Strafen anfallen. Für alle anderen Länder gilt eine Defizitquote von 1%.

Finanzierungssaldo: Einnahmen - Ausgaben

Immer wenn das Finanzierungssaldo ngeativ ist, heißt das, dass ein Staat mehr Geld ausgegeben als eingenommen hat.

3. Die Produktionsfaktoren und ihre Entlohnung

3.1. Arbeit

Arbeit ist jede menschliche Tätigkeit, die auf einen wirtschaftlichen Zweck gerichtet ist.

Wer in der VWL keine Wirtschaftlichkeit verfolgt betreibt Freizeit. Arbeit (originärer Produktionsfaktor) entsteht durch die Kombination von Kapital (derivativer Produktionsfaktor) und Boden.

3.1.1. Typen der Arbeitslosigkeit

1. saisonale Arbeitslosigkeit
2. friktionelle Arbeitslosigkeit
3. technologische Arbeitslosigkeit
4. konjunkturelle Arbeitslosigkeit
5. tarifbedingte[9] Arbeitslosigkeit
6. strukturelle Arbeitslosigkeit
7. freiwillige Arbeitslosigkeit
8. versteckte Arbeitslosigkeit

kurzfristige Arbeitslosigkeit

mittelfristige Arbeitslosigkeit

langfristige Arbeitslosigkeit

unechte Arbeitslosigkeit

saisonale Arbeitslosigkeit:
Hiervon sind überwiegend Branchen betroffen, die von regionalen Verhältnissen abhängig sind. Sie wird so gut wie gar nicht bekämpft, da sie sich von selber löst.

friktionelle Arbeitslosigkeit:
Die friktionelle Arbeitslosigkeit tritt beispielsweise bei einem Stellenwechsel ein, wenn z.B. zwischen zwei Beschäftigungen eine geringe Zeit liegt. Hier fallen auch Personen rein, die aufgrund einer Stellensuche kurzfristig arbeitslos sind.

technologische Arbeitslosigkeit:
Auslöser für diese Form der Arbeitslosigkeit ist der technische Fortschritt.

$TF\uparrow \rightarrow Y/A\uparrow \rightarrow A\downarrow$ Wenn nicht die Arbeitszeit sinkt, dann erhöht sich die Arbeitslosigkeit.

Die Bekämpfung erfolgt durch Arbeitsverkürzung, flexiblere Arbeitszeiten usw.

---

9 auch Mindestlohnarbeitslosigkeit oder klassische Arbeitslosigkeit